HISTÓRIAS ENCANTADAS DE PEQUENOS SAMBISTAS

Cristiano Gouveia
ilustrações **Tatiana Móes**

1ª edição
São Paulo – 2022

© Cristiano Gouveia, 2022

Reprodução proibida: Art. 184 do Código Penal e Lei 9.610 de 19 de fevereiro de 1998.
Todos os direitos reservados à
EDITORA FTD
Rua Rui Barbosa, 156 — Bela Vista — São Paulo — SP
CEP 01326-010 — Tel. 0800 772 2300
www.ftd.com.br
central.relacionamento@ftd.com.br

DIRETOR-GERAL	Ricardo Tavares de Oliveira
DIRETOR DE CONTEÚDO E NEGÓCIOS	Cayube Galas
GERENTE EDITORIAL	Isabel Lopes Coelho
EDITOR	Estevão Azevedo
EDITOR ASSISTENTE	Bruno Salerno Rodrigues
ASSISTENTE DE RELAÇÕES INTERNACIONAIS	Tassia Regiane Silvestre de Oliveira
COORDENADOR DE PRODUÇÃO EDITORIAL	Leandro Hiroshi Kanno
PREPARADORA	Marina Nogueira
REVISORAS	Kandy Saraiva e Elisa Martins
EDITORES DE ARTE	Camila Catto e Daniel Justi
PROJETO GRÁFICO E DIAGRAMAÇÃO	Flávia Castanheira
COORDENADORA DE IMAGEM E TEXTO	Marcia Berne
DIRETOR DE OPERAÇÕES E PRODUÇÃO GRÁFICA	Reginaldo Soares Damasceno

Dados Internacionais de Catalogação na Publicação (CIP)
(Câmara Brasileira do Livro, SP, Brasil)

Gouveia, Cristiano
 Histórias encantadas de pequenos sambistas / Cristiano Gouveia; ilustrações de Tatiana Móes. — 1. ed. — São Paulo: FTD, 2022.

 ISBN 978-85-96-03373-2

 1. Contos — Literatura infantojuvenil I. Móes, Tatiana. II. Título.

22-108579   CDD-028.5

Índices para catálogo sistemático:
1. Contos: Literatura infantil 028.5
2. Contos: Literatura infantojuvenil 028.5

Cibele Maria Dias — Bibliotecária — CRB-8/9427

Cristiano Gouveia nasceu em 1980 em Santo André (SP). É músico, compositor, escritor e contador de histórias. Entre 2011 e 2013, interpretou o personagem Teobaldo no programa infantil de televisão *Quintal da Cultura* (prêmio APCA em 2014). É membro fundador do coletivo Jacaré na Porta, de pesquisa e criação em literatura infantojuvenil, e idealizador do canal de vídeos Um Canto que Conta, de histórias cantadas e contos ritmados para crianças. Já publicou livros de cordel, um reconto de *Chapeuzinho Vermelho* e a obra *Um mistério para Januária*, escrita em parceria com Karina Almeida.

Tatiana Móes nasceu em 1976 no Recife (PE) e mora no Porto, em Portugal. É graduada em Design Gráfico pela Escola de Belas Artes da UFPE e mestra em Desenho e Técnicas de Impressão pela Faculdade de Belas Artes da Universidade do Porto. Seu interesse pela literatura infantojuvenil começou quando, ainda no Recife, estudou anatomia humana e crítica de arte com o mestre japonês Shun'ishi Yamada. Entre as obras que ilustrou, destacam-se *Poeminhas da terra*, de Márcia Leite (selo Distinção da Cátedra Unesco de Leitura) e, pela FTD, *Lendas da Amazônia... e é assim até hoje*, de Flávia Savary.

A - 788.962/22

7 **Apresentação**
Cris Gouveia

9 **O MENINO ANGENOR E O ENIGMA DA ÁRVORE**
24 *Quem foi Cartola*

27 **O CANTO-PÁSSARO DA MENINA QUELÉ**
42 *Quem foi Clementina de Jesus*

45 **O MENINO RUBINATO E O CAVAQUINHO ENCANTADO**
60 *Quem foi Adoniran Barbosa*

63 **A MENINA FRANCISCA E O MONSTRO DA GUERRA**
76 *Quem foi Chiquinha Gonzaga*

79 **Sobre o autor e a ilustradora**

Para Angenor, Clementina, Rubinato e Francisca.
Para Joaquim e Elis, minhas melhores criações.

HISTÓRIAS ENCANTADAS DE PEQUENOS SAMBISTAS

Cristiano Gouveia

APRESENTAÇÃO

Cris Gouveia

Como é que nasce uma história?

Sabia que em qualquer pedacinho de mundo pode ter uma fagulha que faz uma história nascer? De um pequeno grão de areia ao movimento do Universo; de uma gota de água ao imenso oceano; de um calo no pé a uma saudade no coração. Tudo pode inspirar alguém a botar o lápis no papel ou os dedos no teclado e criar uma história, inventar um causo. As histórias deste livro, por exemplo, nasceram inspiradas em canções de um gênero musical brasileiro: o samba!

Desde criança eu escuto samba. Ouvia pelo toca-discos e pelo rádio (o avô das plataformas de *streaming* de música)! Eu sentava e ficava ouvindo música como quem lê um livro. Adorava prestar atenção nos "personagens" da canção: os instrumentos. Tentava ouvir quais deles apareciam em cada uma. Procurava o som do cavaquinho, do pandeiro, do violão... Quando ouvia, por exemplo, a música "Preciso me encontrar", cantada pelo sambista Cartola, ficava muito curioso para saber que instrumento era aquele que aparecia no início da canção. Era um som tão diferente, parecia algo triste e bonito ao mesmo tempo. Depois de muitos anos, fui descobrir que era um fagote, instrumento de sopro, e era tocado por um músico pernambucano chamado Airton Barbosa.

Quando adulto, descobri que, além da música, também amava escrever histórias. Daí, quis logo misturar as duas coisas para ver se "dava samba" (expressão que a gente usa para dizer se alguma coisa dá certo). E não é que deu?

Neste livro, você vai encontrar quatro contos concebidos a partir do encontro de dois universos: os contos populares e a obra musical de Cartola, Clementina de Jesus, Adoniran Barbosa e Chiquinha Gonzaga. Tem história de árvore que desafia a todos com um enigma, de menina que vai em busca da voz perdida, de cavaquinho encantado e até história que acontece no meio de uma guerra!

Vai aprender, também, um bocado de coisas sobre a vida e a obra de cada artista, com direito a trilha sonora!

Então vire a próxima página e entre nessas histórias que o samba inspirou.

Bom divertimento!

O MENINO ANGENOR

E O ENIGMA DA ÁRVORE

De qualquer lugar da cidade era possível ver, no ponto mais alto do morro, um grande castelo habitado por um grande homem: o rei Momo. Ao lado daquele grande castelo habitado por um grande homem, havia uma grande árvore. Grande e enigmática. O rei Momo, além de glutão, era um grande curioso. Intrigava-se com tudo o que encontrava. E saber que a árvore estava carregada de frutos desconhecidos o deixava encucado. Eles pareciam tão saborosos... Mas, quando tentava alcançá-los, os galhos da árvore se mexiam e não permitiam que o rei pegasse seus frutos. Bastava os dedinhos do comilão chegarem perto de um fruto qualquer, e a árvore dobrava de tamanho, distanciando seus galhos do faminto rei.

O monarca já havia feito de tudo para desvendar o mistério da árvore. Dos livros mais antigos aos sábios vindos em pares, dos conselhos de amigos às histórias populares, tudo ele tentou. Tudo em vão.

Aos pés da árvore, num chorinho, o rei Momo não sabia mais o que fazer. Perguntou-se em voz alta como conseguiria comer aqueles frutos tão apetitosos. E, para sua surpresa, teve uma resposta.

Uma boca abriu-se no tronco e falou assim:

— Só quem resolver o meu enigma poderá ter acesso aos frutos que crescem em meus galhos.

O REI FICOU ABOBALHADO.
ASSOMBRADO.
ESTUPEFATO.

Após se recuperar do fato esdrúxulo que acontecera em seu quintal, o monarca correu em direção ao castelo e fez aquilo que um rei, seja o das histórias, seja o da vida real, faz de melhor: baixou um decreto. Quem conseguisse resolver o enigma da árvore misteriosa receberia como recompensa do reino um baú de tesouros.

Muitos foram os interessados, mas ninguém foi capaz de responder ao que a árvore perguntava. É verdade que a grande maioria acabava fugindo de medo assim que ela abria a boca e começava a falar. "Uma árvore falante deve trazer má sorte", diziam. Todos tentaram, e ninguém conseguiu.

Quer dizer, quase todos.

Aquele morro era coberto de casinhas de madeira, habitadas por pessoas simples e pobres que, apesar das dificuldades, sempre se punham a cantar para espantar um pouco a tristeza.

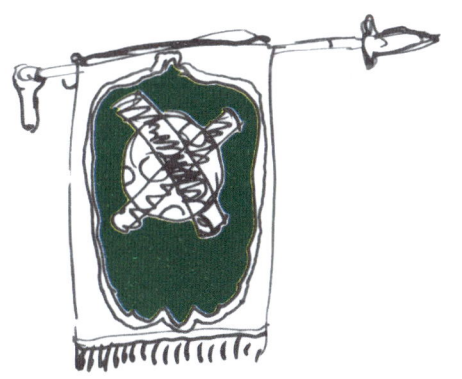

Em uma casinha amarela vivia um menino muito esperto, que andava sempre com um cavaquinho nas mãos e uma cartolinha na cabeça. *Seu nome era Angenor.*

O menino Angenor era tão curioso quanto o rei. Quando ouviu falar do mistério da árvore mágica, decidiu se candidatar para tentar resolver o tal enigma.

Mais que depressa, o menino pôs a cartola na cabeça, pegou seu cavaquinho e partiu, subindo o morro rumo ao castelo.

ENQUANTO CAMINHAVA, CANTAVA A ESPERANÇA A PLENOS PULMÕES, COMO QUEM PINTA O MORRO COM AS CORES DE UMA ALEGRIA SONORA.

Já na porta do castelo, foi logo se apresentando ao rei Momo. O monarca, observando aquele menino franzino, quase riu de tamanha ousadia. Mas, como roía as próprias roupas de vontade de comer aqueles frutos, mostrou o caminho que o levaria até o jardim. Disse para o menino seguir sozinho, pois tinha muitas coisas de rei para fazer.

Angenor seguiu tocando seu cavaquinho até

encontrar a grande árvore. Nem bem parou de tocar e a árvore já lhe perguntou:

— Quem é você, pequeno?

Munido de uma franzina coragem, respondeu:

— Meu nome é Angenor e estou aqui para descobrir por que ninguém consegue pegar os frutos que a senhora carrega.

A árvore, com voz enraizada, respondeu:

— SÓ PODERÁ PEGAR MEUS FRUTOS QUEM RESOLVER O MEU ENIGMA.

O menino, ao ouvir a palavra "enigma", logo se coçou de curiosidade. Munido de uma robusta coragem, encheu o peito e disse:

— Vou resolver!

— Muito bem! — disse a árvore. — Então desafio você a me dizer quais são as três coisas mais importantes para todo o povo do reino. Se conseguir me convencer, revelarei quem sou e que frutos carrego. E, assim, você poderá pegá-los à vontade!

Angenor refletiu durante o tempo de um pensamento e aceitou o desafio!

A árvore, sem mais demora, disse:

— Me diga, então: qual é a primeira das três coisas mais importantes para o povo do reino?

O menino foi pego de surpresa pela pergunta súbita. Teria que responder naquele momento mesmo? Não poderia nem pedir ajuda? Sem saber o que responder, fechou os olhos para descobrir se a resposta estava perdida em algum canto de sua memória. De olhos fechados, sentiu o calor do sol em seu rosto. Aquecidas as lembranças, disse:

— Depois da noite, da *madrugada*, surge um novo dia, uma nova *chegada*, quando tudo recomeça, a vida *renovada*!

A PRIMEIRA RESPOSTA É A **ALVORADA!**

A árvore olhou o menino com seus olhos cor de carvalho, querendo saber por que ele tinha dado aquela resposta. Angenor continuou:

— A alvorada é quando o Sol surge no céu. É o nascer de mais um dia, em que podemos aprender coisas novas, ver nossos amigos novamente e brincar! Um novo dia nasce sempre como um presente para o povo. Eu tenho certeza de que a senhora já viu a alvorada aqui no morro. É uma beleza, não é?

A árvore mágica fez um grande silêncio. Não esboçou nenhum sorriso, mas aceitou a resposta do menino. Disse-lhe para voltar no dia seguinte, para a segunda resposta do desafio.

Angenor então correu para o castelo, para contar tudo ao rei Momo.

Assim que chegou, percebeu que o rei estava triste, sentado em sua mesa de jantar. Perguntou o que havia acontecido, e ele respondeu:

— Eu tenho uma filha, mas ela é muito desobediente! Não quer frequentar as aulas de balé, disse que preferia jogar futebol no campo de terra! Imagine, minha filha jogando bola com os meninos?! Ah, eu fiquei muito, mas muito bravo. *Ela mal conhece a vida e já quer decidir o rumo que vai tomar neste mundo?* Eu, como rei, considerei a atitude imperdoável e decretei que não haveria futebol no meu reino nunca mais! E agora ela está lá, trancada no quarto, sem falar comigo.

O rei permaneceu ali, com um olhar vazio para seu prato cheio. Não tocou na comida, nem tocou mais no assunto da princesa pelo resto do dia.

Angenor foi embora pensando no que o rei lhe havia contado.

No dia seguinte, de cartola na cabeça e cavaquinho nas mãos, o menino caminhou em direção ao castelo. *Subiu o morro cantando a plenos pulmões, feito quem tem o coração batucando no peito cheio de esperança.*

Quando chegou, a árvore lhe disse:

— Hoje é o segundo dia do desafio. Então me diga: qual é a segunda das três coisas mais importantes para o povo do reino?

Mais uma vez, o menino fechou os olhos para tentar adivinhar, mas só conseguia pensar na conversa que tivera com o rei. E imaginou como a princesa devia estar. Inspirado pela história que acontecia no castelo, disse:

— Para quem não fez nada, e para o *brigão*, para quem quer parar de lançar o *canhão*, para o cavaleiro e seu nobre *dragão*, é preciso sempre buscar *remissão*!

A SEGUNDA RESPOSTA É O **PERDÃO**!

A árvore quis saber um pouco mais sobre o assunto. Angenor continuou:

— Não adianta mais uma alvorada, ganhar mais um dia para viver, se algo nos prende ao dia anterior. Perdoar é se desprender dos problemas para poder viver um novo dia! E a senhora não concorda que *todo mundo merece o perdão?*

A árvore mágica fez um grande silêncio. Depois, esboçou um leve sorriso, enquanto o vento balançava com leveza seus frutos misteriosos, e aceitou a resposta do menino. Disse-lhe para voltar no dia seguinte, para a terceira e última resposta do desafio.

Feliz, Angenor voltou ao castelo, mas o rei nem quis conversar, pois andava triste e cabisbaixo, *feito quem tem um vazio dentro do peito.* Enquanto isso, a princesa permanecia trancada em seu quarto, feito quem está sentada à beira de um abismo.

Angenor voltou para casa e nem conseguiu dormir, pensando na desavença do rei com a princesa.

No dia seguinte, o menino pôs novamente a cartola na cabeça, pegou seu cavaquinho e subiu o morro sorrindo e cantando como quem busca o fim da tempestade.

Nem bem chegou ao jardim do castelo, ouviu a árvore dizer:

— Hoje é o terceiro e último dia do desafio. Então me diga: qual é a terceira das três coisas mais importantes para o povo do reino?

Mais uma vez, o menino fechou os olhos. E só conseguia pensar na imagem do rei cabisbaixo, com seu peito vazio. Depois, tomado por uma luz de inspiração, disse:

— Tinha tristeza, *melancolia*, dia e noite, noite e *dia*. Para ter a cura ele só *podia* buscar em seu peito outra *melodia*!

A TERCEIRA RESPOSTA É A **ALEGRIA**!

A árvore, sentindo seu sangue-seiva correr pelos galhos com rapidez, quis saber mais sobre a resposta do menino:

— Não adianta ganharmos uma alvorada, um novo dia, e perdoarmos para nos desprendermos dos problemas, se não olhamos o mundo com alegria! A alegria faz a gente ter curiosidade no olhar. Então, com muita esperança, eu digo que *já não falta mais alegria em mim, e espero que não falte em mais ninguém.*

A árvore mágica fez um grande silêncio. Depois, deu um sorriso largo, enquanto um vento forte balançava de maneira intensa seus frutos misteriosos, e aceitou a resposta do menino. Em seguida, disse:

— Meu jovem encantado, como você encontrou belas respostas para as três coisas mais importantes para o povo do reino, eu, a grande árvore mágica, revelarei agora o nome do meu fruto!

Angenor abriu olhos e ouvidos, feito quem aprende a cantar um samba-enredo.

— ESTE FRUTO, MENINO ANGENOR, É A **MANGA!** E EU ME CHAMO **MANGUEIRA!**

Nessa hora uma ventania forte soprou, e uma chuva diferente começou. Era uma chuva de mangas! Várias caíram pelo jardim, feito confete e serpentina no salão! O menino pegou sua cartola e colocou dentro dela várias mangas suculentas.

— Angenor, pode levar essas frutas ao seu povo. A partir de agora, você será o colhedor oficial dos frutos desta Mangueira. Venha aqui sempre que quiser e espalhe meus frutos como quem canta uma canção por aí!

O menino Angenor, com muita dificuldade, levou sua cartola cheiinha de mangas para o castelo! Eram tantas, que poderiam ser distribuídas para o reino todo! E assim foi feito!

O grande rei Momo quis logo saber como Angenor havia descoberto o nome daquela fruta. O menino contou toda a história, depois disse ao rei quais eram as três coisas mais importantes para o povo do reino: a *alvorada*, o *perdão* e a *alegria*. Os olhos do rei tornaram-se cachoeira. Mais que depressa, ele correu para o quarto da princesa e disse:

— Filha, achei que eu estava certo. Mas não enxerguei em seus olhos a sua alegria por fazer aquilo de que gosta. Eu errei, e venho aqui lhe pedir uma nova chance, uma nova alvorada. Me perdoa?

Os olhos da filha também se tornaram cachoeira, e os dois se abraçaram amorosamente.

COMO SÍMBOLO DE UNIÃO, PAI E FILHA DIVIDIRAM UMA GRANDE E SUCULENTA MANGA NO JANTAR!

A partir daquele dia, o morro do castelo passou a se chamar Morro da Mangueira!

Nos campos de terra do morro, podia-se ver a filha artilheira do rei Momo correndo feliz atrás de uma bola. E, se reparassem bem, poderiam ver que o rei sempre estava nas arquibancadas torcendo pela filha.

Quanto ao menino Angenor, dizem que continuou espalhando os frutos da Mangueira por todos os cantos. Contam que ele chamou outros amigos e amigas para compartilhar a alegria e a responsabilidade de colher os frutos daquela Mangueira. Chamou o Bolinha, o Saturnino, o Carlinhos, a Nair Pequena, a Tia Zélia, a Tia Fé, o menino Euclides, o Maçu, o Paquetá e até o Zé Espinguela!

Dizem também que, de tanto andar de cartola na cabeça, logo passou a ser chamado assim: Cartola. E era tanta coisa que aquele menino tinha na cabeça, que ele transformou tudo em música!

MAS ESSA JÁ É OUTRA HISTÓRIA...

QUEM FOI CARTOLA

nasceu no Rio de Janeiro (RJ) em 1908 e morreu em 1980

Se você perguntar a vários adultos se alguém sabe quem foi o sambista Angenor de Oliveira, provavelmente quase ninguém vai saber. Mas, quando disser que o apelido dele era Cartola, com certeza muitos soltarão um sonoro "Ah!..." e abrirão um sorriso!

Cartola foi um grande sambista negro brasileiro. Começou a tocar cavaquinho e violão ainda criança, e logo tomou gosto por escrever músicas. Seus sambas eram (e continuam sendo) lindos! Tanto é que muitos cantores quiseram "comprar" suas canções para cantar no rádio (ainda não existia televisão nem internet naquela época, então todo mundo só ouvia músicas no rádio e no toca-discos). Não demorou para Cartola ouvir suas composições na voz de grandes cantores e cantoras da época. Só tempos depois é que ele também passou a interpretá-las.

Cartola fundou uma das maiores escolas de samba do Rio de Janeiro, a Estação Primeira de Mangueira. Ele era um dos compositores dos sambas-enredo (músicas que contam lindas histórias e são tocadas durante o desfile da escola no Carnaval). Essa relação de amor entre a Mangueira e Cartola foi uma das inspirações para a história do menino Angenor.

Apesar de tocar e cantar desde criança, Cartola só gravou seu primeiro disco aos 66 anos. Mas nesse álbum de estreia já figuravam grandes composições dele. Depois, outros discos vieram, tornando-o um dos maiores sambistas da história da música brasileira.

Você pode ouvir as músicas de Cartola na internet, em aplicativos de música, nas rádios, em CDs ou em discos de vinil. E pode até tocá-las, caso saiba tocar um instrumento! Quer dicas de músicas para ouvir e cantar por aí? Então lá vão:

O sol nascerá (a sorrir)
Compositores: Cartola e Elton Medeiros

Alvorada
Compositores: Cartola, Carlos Cachaça e Hermínio Bello de Carvalho

Alegria
Compositores: Cartola e Gradim (Lauro dos Santos)

Sim
Compositores: Cartola e Oswaldo Martins

As rosas não falam
Compositor: Cartola

O mundo é um moinho
Compositor: Cartola

O CANTO-PÁSSARO DA MENINA QUELÉ

No coração do mundo, nasceu *uma menina chamada Quelé*. Sua pele era brilhante e negra como a noite. Desde os seus primeiros anos de vida, diziam que a voz da menina ecoava nos ouvidos do tempo. E não havia coisa mais bonita de ouvir. Toda a aldeia se orgulhava de sua menina, sua muriquinha pequenina (que era o modo como os mais velhos chamavam as crianças por lá).

O amor pela música, Quelé aprendera com a mãe. E a mãe havia aprendido com a avó de Quelé, mãe de sua mãe. Que havia aprendido com a bisavó da menina, mãe da mãe da mãe.

— CANTAR É NOSSO SOBRENOME! — DIZIA A MÃE DE QUELÉ.

E, juntas, elas cantavam sempre, com satisfação, uma música que falava em cavucar terra com minhoca.

    Mas, às vezes, a paz e a alegria recebem visita inesperada.

    Um dia, o clima de encanto na casa da menina Quelé foi silenciado, quando chegou naquelas terras um bando assombroso, capaz de calar qualquer alegria. Eram seres secos, ranzinzas. Sem música. Os povos os chamavam de Desencantados, salteadores que vinham do mar. Tinham cara de peixe, eram funestos e roubavam tudo o que encontravam pelo caminho. Levavam roupas, colheitas, cantos. Levavam alegrias, tristezas, prantos. Levavam casa, gente, bandeira. Às vezes, levavam família inteira.

NAQUELE DIA, OS DESENCANTADOS TRANCARAM DIVERSAS FAMÍLIAS EM UM GRANDE BAÚ DE MADEIRA. A MENINA QUELÉ QUIS DEFENDER SEU POVO E LANÇOU SEU CANTO CONTRA OS TERRÍVEIS SERES. CANTOU E CANTOU COMO QUEM AFASTA OS SERES RUINS.

Mas os cara de peixe transformaram a voz da menina em um pássaro, e prenderam-no em uma gaiola. Quelé se desesperou, pois ficara completamente sem voz. Os Desencantados desapareceram, levando o canto-pássaro de Quelé na gaiola. Restaram somente algumas penas no chão. A menina, agora em silêncio, guardou as penas e voltou para casa.

Durante muitos dias, Quelé chorou um rio. Todo o povo da aldeia havia sido preso pelos Desencantados. E a voz da menina, agora transformada em pássaro, estava trancafiada em uma gaiola. A pequena menina se viu assim, com a boca morando no silêncio.

Foi então que sua mãe lhe aconselhou:

— MINHA FILHA, MINHA RAINHA. É TEMPO DE BUSCAR NOSSO POVO. É TEMPO DE BUSCAR O TEU CANTAR. NÃO SE PODE ROUBAR ISSO DE NINGUÉM!

A menina lançou seus olhos brilhantes em direção à mãe. Marejados, eles moravam na tristeza e na dúvida, aquelas que a gente sente quando não sabe se ainda vai ter de volta algo que é precioso para nós. Entre as mãos, ela segurava as penas deixadas pelo canto-pássaro perdido.

— Minha filha, minha rainha. O mundo é grande, mas é um só. Quem procura sua voz sempre há de encontrar. Amanhã, trata de acordar antes do sol e seguir o teu destino. Hoje, ficas aqui ainda mais um pouco. Cantarei para ti tudo o que aprendi com nossa família — falou a mãe para sua menina.

E prosseguiu:

— LEVA ESSES CANTOS EM TEU CORAÇÃO.
ELES SERVIRÃO DE ESCUDO,
DENTRO DO TEU PEITO,
CONTRA QUALQUER INGRATIDÃO DO MUNDO.

Foi uma noite linda. **A mãe de Quelé cantou, feito quem inventa o mundo, a tal música da terra com minhoca.**

A cada música cantada, a menina Quelé se alimentava mais e mais de coragem. Ao fim das últimas cantigas, chamadas de vissungos pelos antigos, a menina adormeceu.

Nem bem amanheceu, e o galo cantou. No horizonte, o céu ganhava um tom azul perto da linha do mar.

Já de pé, a pequena Quelé estava decidida a recuperar sua voz e salvar seu povo. E iria per-

correr o mundo se fosse preciso. Guardou no bolso as penas de seu canto-pássaro e partiu.

A menina andou e andou. Buscava lugares onde os Desencantados teriam passado.

Chegou a um grande terreiro, onde pessoas de todas as idades, vestidas de branco, cantavam e tocavam. Tinham a pele da cor da noite, como Quelé. A menina se sentia em casa, mesmo não conhecendo aquele lugar. Aproximou-se, pois sentia que a música era quase um convite. Logo surgiu à frente dela uma velhinha, que disse:

— EITA, QUE A MENINA TÁ PERDIDA! TÁS AQUI PROCURANDO ESSA GENTE DA ANTIGA?

Quelé não disse nada. Apenas abriu as mãos, deixando ver as penas de seu canto-pássaro.

A velhinha reagiu assustada, como quem sente uma pedra de gelo descer pelas costas. Isso porque, no dia anterior, havia visto os Desencantados, criaturas tenebrosas. Viu que carregavam em uma gaiola um pássaro lindo, que com certeza era dono daquelas penas. Decerto a menina estava à procura dele. A tal velhinha também havia escapado dos Desencantados, que raptaram pessoas daquela região e trancaram-nas em um baú de madeira.

— Ah, menina... — disse a velhinha.

O PÁSSARO TINHA UM CANTO LINDO E TRISTE AO MESMO TEMPO. SABIA QUE ELE NÃO ERA DALI, E QUE NÃO TINHA AMOR AO LADO DAQUELES SERES MALVADOS.

Quelé se arrebatou de uma pequena esperança. Afinal, o pássaro estava vivo.

— Sei que não vais descansar enquanto não encontrar teu povo e teu pássaro, menina. Te digo que os cara de peixe seguiram pela estrada que dá no Quilombo do Dumbá.

A menina Quelé correu sem se despedir e partiu rumo ao tal quilombo.

Quelé andou e andou. Ao chegar na entrada do quilombo, ouviu uma cantiga muito conhecida. Um menino entoava no alto da árvore uma cantiga.

Quelé olhava aquele muriquinho com atenção. Aquela cantiga lhe era conhecida, e escutá-la era feito um abraço de carinho. Sempre a cantava com sua mãe, nos dias de chuva.

O pequeno se assustou com a presença inesperada da menina e caiu da árvore de bunda no chão. Levantou-se com cara de dor. Olhou para a menina, que olhou de volta para ele. A cada pergunta que o menino fazia, a menina respondia com um grande silêncio. "Está mesmo difícil a conversa", pensou ele.

Quelé mostrou-lhe as penas do canto-pássaro. O menino ficou todo arrepiado, feito quem anda no frio sem camisa, e disse que havia acabado de ver o dono daquelas penas. Aliás, fora com ele que aprendera aquela cantiga que estava cantando. Era um pássaro bonito e estava dentro de uma gaiola, que pertencia aos Desencantados cara de peixe. O menino tinha se escondido entre as árvores, por isso os seres não o encontraram.

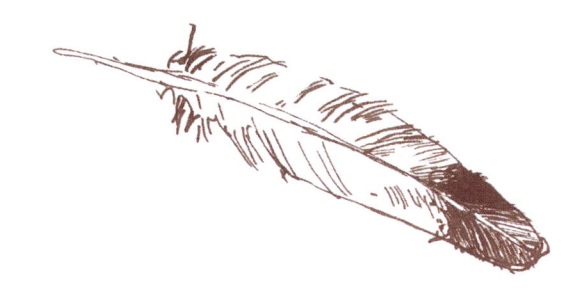

O coração de Quelé saltava feito um batuque em seu peito. A menina sentia que estava cada vez mais perto de seu canto-pássaro. O muriquinho disse a ela que sabia para onde os Desencantados levavam os prisioneiros, pois tinha ouvido uma conversa deles dizendo que iam para a beira do mar.

Quelé se preparou para partir, e o menino se ofereceu para ir junto, pois queria ajudá-la a encontrar o pássaro. Ela recusou, num gesto de quem não queria companhia de estranhos. O pequeno então se apresentou:

> — MEU NOME É BELINHO, O MELHOR MURIQUINHO DESSAS TERRAS! POSSO TE LEVAR PARA A BEIRA DO MAR. PODEMOS CORTAR CAMINHO PELO QUILOMBO DO DUMBÁ.

A menina aceitou a ajuda. Seguiram por dentro do quilombo até chegar à beira do mar. Lá, ela e Belinho avistaram os seres Desencantados. Estavam dormindo, descansando das maldades praticadas pelo caminho.

O coração de Quelé ressoava pelo mundo. A menina era capaz de ouvir o suspirar de seu povo preso no grande baú de madeira. E sentia ainda mais o silêncio do seu canto-pássaro, que agora quase não cantava, estava mesmo jururu. Ela estava aflita, não sabia o que fazer.

Belinho estava decidido a agir. Pé ante pé, partiu em direção à gaiola. O pássaro se surpreendeu com aquele muriquinho tão corajoso.

Quando já estava com a gaiola nas mãos, o menino sentiu um cheiro forte de peixe. Mal conseguiu pensar em correr, e uma mão já segurava seu ombro. Era um dos Desencantados, com olhar de peixe furioso.

Quelé, assistindo à cena de longe, ficou ainda mais aflita. Mas o pássaro percebeu sua presença e olhou na direção dela. Os dois trocaram olhares de preencher o mundo. A vontade do encontro deixou o ar suspenso, como quem segura o céu com as mãos.

Belinho, na tentativa de se libertar e ajudar a menina, lançou a gaiola para o alto, para desespero dos cara de peixe. A gaiola subiu e subiu, depois desceu e desceu, caindo perto de Quelé e partindo-se ao meio. O pássaro ficou caído no chão, perto da menina.

UMA PAUSA NO TEMPO ACONTECEU.

Quelé se aproximou do pássaro. Pegou-o nas mãos e o abraçou como quem se veste de saudade e amor. O pássaro se aninhou no coração dela. *Um canto brotou no peito da menina, depois de muito tempo, e ela pôde acalentar sua voz-passarinho que cantava não ser dali nem ter amor...*

A voz de Quelé havia finalmente voltado!

A alegria fez de novo morada em seu coração. E a menina logo se lembrou da cantiga sobre cavucar terra com minhoca, que entoava com a mãe.

E o seu cantar lhe trouxe uma ideia para salvar Belinho e todo o povo das maldades dos Desencantados cara de peixe.

Quelé cavucou a terra em busca de minhocas. Com um galho e um pedaço de cipó bem fino, improvisou uma vara de pescar e amarrou algumas minhocas na ponta do cipó. *Então caminhou em direção aos Desencantados, cantando que era a peixeira catita.*

Quelé, em seguida, começou a pescaria. Ao ver aquelas minhocas suculentas, dois Desencantados logo pularam de boca aberta nas minhocas. Assim, ficaram presos, pescados por Quelé. Os outros Desencantados perceberam a armadilha e fugiram de volta para o mar, deixando o baú de madeira para trás.

A menina correu para abrir o baú com a ajuda de Belinho. Ao encontrar seu povo, disse:

— **PODE LEVANTAR, MEU POVO. O CATIVEIRO NESTE BAÚ DE MADEIRA JÁ ACABOU!**

O povo começou uma cantoria, que seguiu cada vez mais intensa, enquanto saíam de dentro do baú. Quelé cantou com extrema alegria, e todas as pessoas ficaram admiradas com a voz e a força da menina.

A menina voltou para sua aldeia carregada pelo povo. Por sua coragem, foi proclamada rainha, a rainha Quelé. Seu amigo Belinho, o muriquinho, tornou-se seu fiel escudeiro.

O canto de Quelé, a partir daquele dia, narrou as histórias de seu povo. Por onde ela passava, todos admiravam sua voz, que parecia sair do meio da terra. Os mais velhos a chamavam de *muluduri* africana, por levar os cantos ancestrais para o povo. Uma sabedoria que ela tinha de sobra.

Quelé cresceu e ganhou o mundo. E no mundo, passou a ser chamada de Clementina de Jesus. Quem a via cantar sentia como se estivesse frente a frente com a grande Mãe África. Mas, para seu povo, Clementina sempre será Quelé, a rainha que cantava cantigas, jongos e vissungos. Cantos que ficaram eternizados em discos por aí.

MAS ESSA JÁ É OUTRA HISTÓRIA...

QUEM FOI CLEMENTINA DE JESUS

nasceu em Valença (RJ) em 1901 e morreu em 1987

Você sabe o que é *muluduri*?

Para o povo de um país africano chamado Congo, *muluduri* é quem transmite toda a sabedoria de seus ancestrais por meio do canto. É quem não deixa que a cultura se perca no tempo. E assim era Clementina de Jesus, uma grande cantora negra brasileira que, por meio de sua grande voz, compartilhou cantigas, jongos e cantos de trabalho de seus ancestrais — cantos de trabalho como os vissungos, entoados por negros escravizados na mineração, em Minas Gerais. Quelé foi uma verdadeira *muluduri*, que aprendeu vários desses cantos com a mãe.

Clementina cantava desde pequenina, quando já ouvia canções em línguas bantas (idiomas da região de Angola e do Congo usados por muitos negros escravizados no Brasil), e, aos 8 anos, começou a cantar no coro do Orfanato Santo Antônio, onde estudava. Mas Clementina precisou trabalhar como empregada doméstica desde os 18 anos, e só foi começar sua carreira profissional com mais de 60 anos, com a ajuda do compositor e poeta Hermínio Bello de Carvalho. Seu primeiro disco, intitulado *Clementina de Jesus*, é de 1966. Uma das músicas que se destacaram nesse álbum é "Cangoma me chamou", citada na história da menina Quelé. E Hermínio foi tão importante para Clementina que ela o tratava feito um filho! (O muriquinho Belinho, do conto, é uma homenagem a Hermínio. Muriquinho, aliás, é um jeito de falar "molequinho"! Sim, uma criança.)

Ela seguiu gravando discos de samba ao longo dos anos 1970, com a participação de grandes cantores e compositores da música brasileira. Na década seguinte, recebeu uma série de reverências: por dois anos seguidos, Clementina foi tema de sambas-enredo, das escolas de samba fluminenses Lins Imperial (1982) e Beija-Flor de Nilópolis (1983); em 1983, também foi homenageada no Theatro Municipal do Rio de Janeiro. Em 1982, gravou o disco *Canto dos escravos*, com cânticos (músicas só cantadas) recolhidos em uma importante pesquisa histórica.

Quer ouvir como a voz da Clementina de Jesus é incrível? Então seguem algumas sugestões para começar. Você vai reconhecer referências a algumas dessas canções na história da menina Quelé!

Taratá
Domínio público

Canto II – Muriquinho
Domínio público

Marinheiro só
Domínio público

Circo Marimbondo
Compositores: Milton Nascimento e Ronaldo Bastos

Na linha do mar
Compositor: Paulinho da Viola

O MENINO RUBINATO

E O CAVAQUINHO ENCANTADO

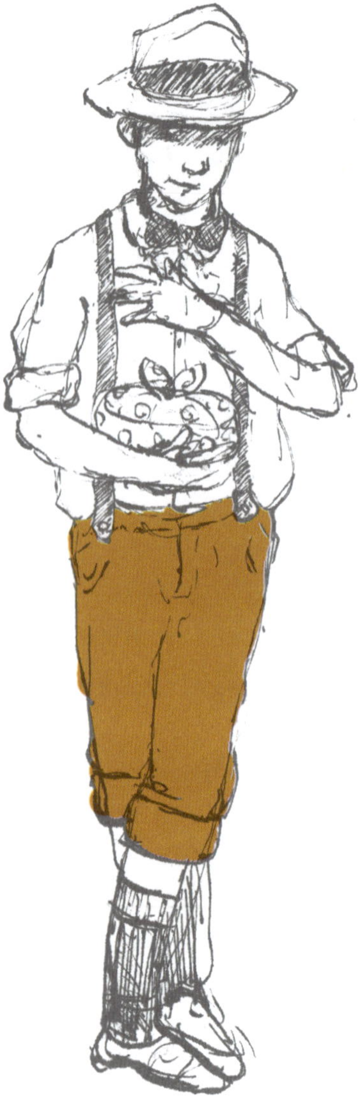

O sol queimava alto no céu da Vila Esperança quando um menino de camisa e calças curtas, equipado com um chapéu de lado, suspensório e gravata-borboleta, saiu de casa cantarolando e batucando nas marmitas que levava em uma sacola.

SEU NOME ERA RUBINATO.

O menino passava os dias praticando alguns esportes: o salto de cercas vizinhas, a competição de bolinha de gude, a corrida com cachorro bravo e, claro, o campeonato de contos e causos. Nessa modalidade, Rubinato era campeão! Ele contava tantas histórias, tão cheias de firulas, lorotas e personagens interpretados por ele mesmo, cheio de ginga, que logo seus amigos enjoaram. Era só Rubinato começar os seus causos para a roda se dispersar.

A única pessoa que ainda parava para ouvir as histórias firulentas de Rubinato era Maria Rosa. Mas, para ela, o menino prosador não tinha coragem de contar. Nem de conversar. Nem de olhar nos olhos. Quando via a menina pelas ruas da Vila Esperança, ele se avermelhava tanto, mas tanto, em um vermelho-apaixonado-vergonha, que não conseguia mais pronunciar nenhuma palavra. Só conseguia fugir. Assim, o menino vivia, ao seu jeito, seu primeiro amor dos tempos de criança.

Mas Rubinato queria mudar essa vergonhenta situação. Por isso, andava à procura de algum presente para Maria Rosa. Seria o pretexto perfeito para ter coragem de puxar conversa com a menina.

Para conseguir algumas moedinhas e finalmente comprar algo para sua amada, Rubinato trabalhava todos os dias entregando pelo bairro as marmitas feitas por seus pais, dona Emma e seu Francesco. O menino adorava o trabalho, pois ficava sempre de olho nos bolinhos de queijo que o chamavam de dentro das marmitas. Diziam que ele sempre saía de casa carregando oito bolinhos de queijo em cada embalagem, mas às vezes chegavam ao comprador apenas seis bolinhos. Não se sabia onde os bolinhos iam parar, mas dona Emma notava que, nessas ocasiões, o dinheiro trazido pelo filho vinha com marcas de dedinhos engordurados.

Mas, como acontece em toda história, um certo dia foi diferente de todos os outros, e isso mudou a vida do menino. Nesse dia, Rubinato precisou levar uma marmita na casa mais antiga da rua. Era uma casa gigante, cheia de árvores com galhos retorcidos, plantas carnívoras e outras coisas assustadoras. O menino, quando parou na frente da casa e olhou todo aquele cenário de filme do Zé do Caixão, tremeu tanto que sentiu os bolinhos pularem dentro da marmita. A fim de espantar o medo e distrair-se, mandou logo dois bolinhos

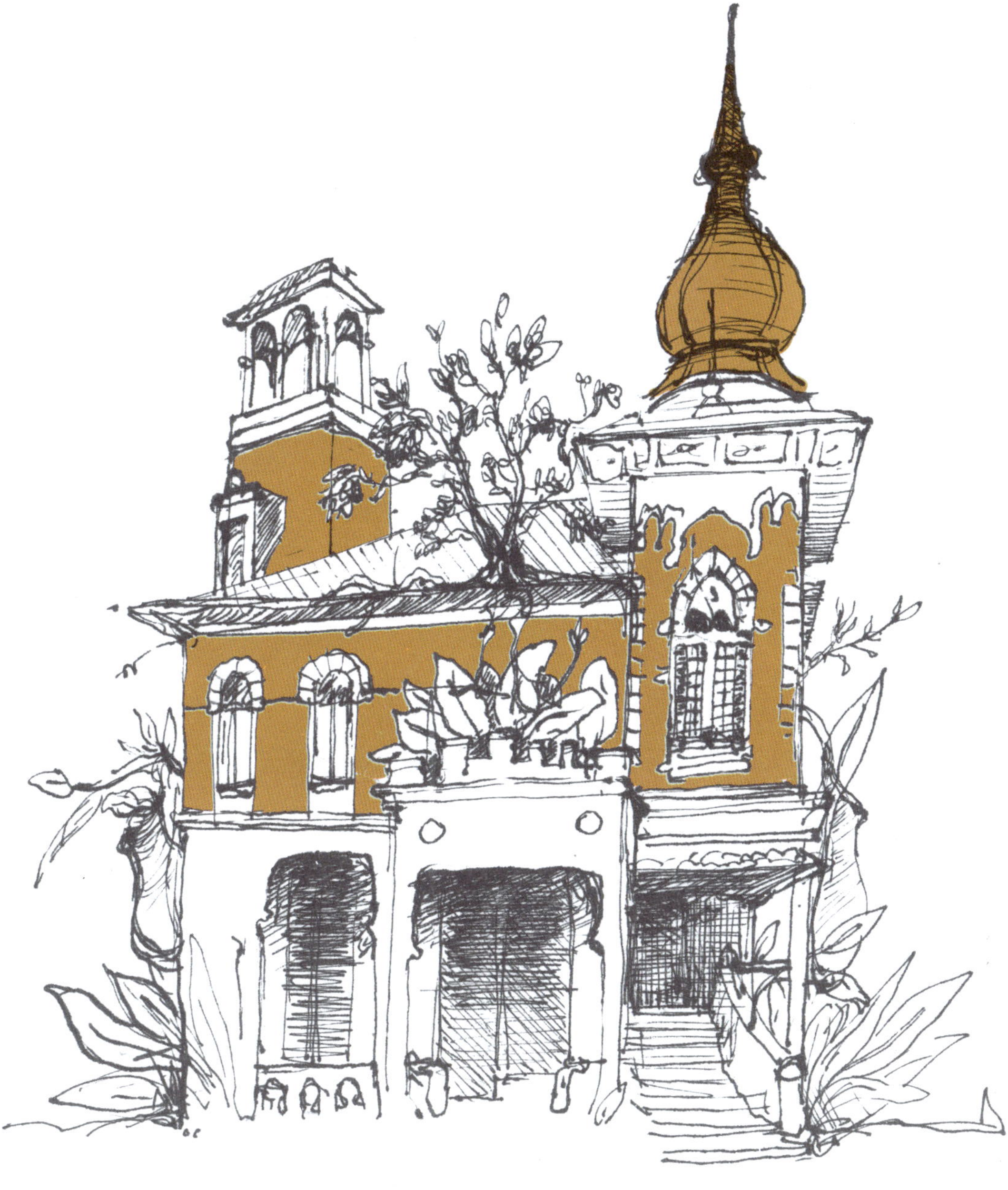

para dentro da boca. Engoliu quase sem mastigar. Mas não adiantou. O medo só fazia aumentar.

Rubinato tocou a campainha. Num sopro de tempo, uma porta gigantesca se abriu, fazendo um ruído ensurdecedor. Um senhor assustador, de mais ou menos trezentos anos, apareceu. O menino, de olhos para o chão, estendeu os braços e entregou a marmita. O velho pegou o embrulho e pediu para Rubinato entrar, pois tinha que conferir a encomenda e pegar o dinheiro para pagá-lo. Ele entrou e, como num passe de mágica, o senhor desapareceu.

Rubinato estava em uma sala escura, cheia de objetos fascinantes: uma vassoura que dançava, um chinelo que corria atrás de baratas, um tapete voador... e um lindo cavaquinho, pendurado na parede, que tocava sozinho, com suas cordas de aço e sua caixa de madeira cantante! Os olhos do menino Rubinato brilharam cheios de encanto por aquele instrumento. Seu sonho era aprender a tocar cavaquinho para fazer uma serenata para Maria Rosa. Seria uma prova de todo o carinho que tinha por ela. Quando estava prestes a encostar, de mansinho, seu dedinho no cavaquinho, ouviu um grito que parecia de bruxo vindo da cozinha! Rubinato deu um salto tão grande de susto que ficou pendurado no lustre.

— EU PEDI OITO BOLINHOS DE QUEIJO!!! SÓ VIERAM SEIS! ONDE ESTÃO OS OUTROS DOIS?!

O menino, quase fazendo xixi nas calças, disse que havia comido. O velho ficou cheio de braveza, gritando que, em trezentos anos, nunca haviam feito uma desfeita dessa com ele, e disse que só pagaria pela marmita quando o menino trouxesse os dois bolinhos de queijo que faltavam. Rubinato insistiu para que o velho pagasse mesmo assim, dizendo que não podia chegar em casa de mãos vazias. Então, o velho pegou com rapidez uma mariposa que sobrevoava uma das lâmpadas, colocou-a num pote de vidro e disse:

— **Bem, se você não pode ir de mãos vazias, então leve esta mariposa!**

Ele soltou uma grande risada maléfica. Em seguida, um vento forte empurrou Rubinato para fora da casa, e a porta se fechou num estrondo.

Assustado, o menino ficou sem saber como iria resolver aquela situação. E muito menos o que faria com a mariposa.

Enquanto caminhava mais perdido que caroço de banana, Rubinato encontrou Joca, um amigo seu que sempre dormia na grama do jardim da praça central. Então contou a ele toda a história do velho malvado de trezentos anos, dos bolinhos de queijo, do cavaquinho encantado... Mas Joca, conhecedor das histórias do menino Rubinato, nem deu muita atenção; ele estava mais interessado no vidro com a mariposa, afinal, ele adorava insetos. Percebendo isso, Rubinato deu a mariposa de presente a Joca, para que ela lhe fizesse companhia, e foi embora.

O tempo rodou os ponteiros do relógio. Enquanto caminhava, Rubinato lembrou-se de Maria Rosa, seu primeiro amor, e pensou: "Ah, mas aquela mariposa era tão bonita... Acho que a Maria Rosa ia gostar de ganhar uma mariposa de presente". Então voltou à praça onde Joca dormia e foi logo dizendo:

— JOCA, ME DÊ A MARIPOSA.
MARIPOSA QUE O VELHO ME DEU.
O VELHO NÃO QUER ME PAGAR,
NÃO VAI ME PAGAR,
E O CULPADO SOU EU!

Mas o Joca havia deixado a mariposa escapar. Rubinato, desesperado com seu azar, tentou recontar a história medonha do velho malvado para o amigo:

— *Joca, o senhor não 'tá lembrado da minha história? Então me dê licença de contar novamente!*

O Joca, para não ter que ouvir de novo a história e para se livrar logo do amigo falador, deu-lhe um candeeiro no lugar da mariposa.

Confuso, Rubinato ficou sem saber como resolver aquela situação. E muito menos o que fazer com o candeeiro que ganhou no lugar da mariposa.

Enquanto caminhava mais confuso que minhoca no asfalto, o menino encontrou Arnesto, um rapaz franzino que adorava organizar rodas de samba em sua casa com a molecada do bairro. Rubinato logo lhe contou toda a história do velho malvado de trezentos anos, dos bolinhos de queijo, do cavaquinho encantado... Mas Arnesto, também conhecedor das histórias do menino Rubinato, nem deu muita atenção; estava mais interessado no candeeiro nas mãos do amigo, que poderia iluminar seu samba de maneira perfeita. Percebendo isso, Rubinato deu o candeeiro para Arnesto e foi embora.

O tempo continuava a rodar os ponteiros do relógio. O menino lembrou-se novamente de Maria Rosa, seu primeiro amor, e pensou: "Ah, Maria Rosa adora ler livros de histórias à noite. Aposto que ela vai adorar ler com a ajuda de um candeeiro!". Então Rubinato voltou correndo para a casa de Arnesto e foi logo dizendo:

**— ARNESTO, ME DÊ O CANDEEIRO.
CANDEEIRO QUE JOCA ME DEU.
JOCA SOLTOU A MARIPOSA.
MARIPOSA QUE O VELHO ME DEU.
O VELHO NÃO QUER ME PAGAR,
NÃO VAI ME PAGAR,
E O CULPADO SOU EU!**

Mas Arnesto, desastrado que era, havia deixado o candeeiro cair no chão e quebrar. Ele até pediu desculpas, mas o Rubinato não aceitou. Desesperado com tanto azar, tentou recontar a história medonha do velho malvado para o amigo:

— Arnesto, por que você fez isso? O senhor não 'tá lembrado da minha história? Então me dê licença de contar novamente!

Mas Arnesto não deixou Rubinato contar. Para compensar o candeeiro quebrado, deu-lhe um bilhete de trem.

Agora Rubinato estava mais intrigado ainda. Não tinha ideia do que fazer com o bilhete de trem que havia ganhado de Arnesto em troca do candeeiro, que ganhara de Joca em troca da mariposa.

Enquanto caminhava mais desorientado que relógio sem ponteiro, encontrou a amiga Iracema, menina de óculos fundo de garrafa e cara sorridente. Ela estava saindo de casa e ia a pé buscar alguns retratos em uma loja perto do Viaduto Santa Ifigênia. Rubinato desfiou de novo toda a história do velho malvado de trezentos anos, dos bolinhos de queijo, do cavaquinho encantado... Mas Iracema, que já tinha cansado de ouvir as lorotas do menino, nem deu muita atenção; estava mais interessada no bilhete de trem que ele tinha na mão, que seria perfeito para ela buscar seus retratos. Como não sabia o que fazer com aquele bilhete, Rubinato entregou-o a Iracema e foi embora.

O tempo seguia rodando os ponteiros do relógio. Rubinato lembrou-se mais uma vez de Maria Rosa, seu primeiro amor, e pensou: "Ah, Maria Rosa adora passear pelo Viaduto Santa Ifigênia. Aposto que ela vai adorar ganhar um bilhete de trem para ir até lá com a mãe!". E voltou correndo ao encontro de Iracema. Procurou por mais de uma hora. Quando finalmente a encontrou, foi logo dizendo:

— IRACEMA, ME DÊ O BILHETE.
BILHETE QUE ARNESTO ME DEU.
ARNESTO QUEBROU O CANDEEIRO.
CANDEEIRO QUE JOCA ME DEU.

**JOCA SOLTOU A MARIPOSA.
MARIPOSA QUE O VELHO ME DEU.
O VELHO NÃO QUER ME PAGAR,
NÃO VAI ME PAGAR,
E O CULPADO SOU EU!**

Iracema havia usado o bilhete para buscar os retratos de que ela tanto precisava. Rubinato, desesperado com tamanho azar, tentou recontar a história medonha do velho malvado para a amiga:

— *Ah, eu não acredito! Iracema, você não 'tá lembrada? Então peço licença para contar novamente a minha história!*

Mas Iracema não quis ouvir. Deu-lhe um retrato dela mesma, com seus óculos fundo de garrafa e sua cara sorridente.

Rubinato estava em desespero. Agora, além de não saber como resolver a situação dos bolinhos, ainda estava com medo de Maria Rosa encontrá-lo com um retrato de Iracema nas mãos. Retrato este que havia recebido em troca do bilhete de trem, que ganhou de Arnesto em troca do candeeiro, que havia trocado com o Joca por uma mariposa.

Enquanto caminhava mais quieto que violão sem corda, Rubinato encontrou o amigo Mato Grosso, um pandeirista de primeira, que estava indo almoçar na casa do Nicola. Mais uma vez, desenrolou toda a história do velho malvado de trezentos anos, dos bolinhos de queijo, do cavaquinho encantado... Mas Mato Grosso, que já nem se surpreendia mais com as lorotas do amigo, não deu muita atenção; estava mais interessado no retrato de Iracema que ele tinha nas mãos. Mato Grosso era apaixonado pela Iracema! Como Rubinato não sabia o que fazer com o retrato, entregou-o de presente a Mato Grosso.

O tempo ainda rodava os ponteiros do relógio. E adivinha o que aconteceu? É lógico que Rubinato lembrou-se mais uma vez de Maria Rosa, seu primeiro amor, e pensou: "Ah, mas a Iracema é a melhor amiga de Maria Rosa. Eu aposto que a Maria Rosa ia ficar muito feliz se ganhasse um retrato da amiga!". E voltou correndo ao encontro de Mato Grosso, dizendo:

— MATO GROSSO, ME DÊ O RETRATO.
RETRATO QUE IRACEMA ME DEU.
IRACEMA USOU O MEU BILHETE.
BILHETE QUE ARNESTO ME DEU.
ARNESTO QUEBROU O CANDEEIRO.
CANDEEIRO QUE JOCA ME DEU.

**JOCA SOLTOU A MARIPOSA.
MARIPOSA QUE O VELHO ME DEU.
O VELHO NÃO QUER ME PAGAR,
NÃO VAI ME PAGAR,
E O CULPADO SOU EU!**

Mas Mato Grosso disse a Rubinato que tinha dado tudo errado no almoço do Nicola. Que teve briga, guerra de comida, pizza voadora. E que, para piorar, ele havia sido acertado com uma carne voadora, que só depois foi descobrir que se chamava *braciola*. Na confusão, ele havia perdido o retrato de Iracema! Como saiu da festa com fome, Mato Grosso teve que pedir uma marmita para a dona Emma, mãe do amigo, para poder almoçar.

Rubinato chorou de desespero. Estava cheio de problemas: não tinha os bolinhos para o velho, não tinha dinheiro para dar à mãe e, pior: não tinha presente para sua amada Maria Rosa.

Mato Grosso até ficou comovido com a tristeza do amigo, mas disse que nada podia fazer, pois a única coisa que tinha em mãos era a sobra da marmita: dois bolinhos de queijo. Os olhos de Rubinato pararam de verter água feito barragem de rio. Ele pegou a marmita de Mato Grosso e, sem demora, a abriu. E sabe o que ele encontrou? Dois bolinhos de queijo fresquinhos, intactos, suculentos! Feliz da vida, despediu-se de Mato Grosso dando-lhe um beijo na testa e partiu correndo em direção ao casarão do velho!

Chegando lá, tocou a campainha. Num sopro de vento, a porta gigantesca se abriu, fazendo o mesmo ruído ensurdecedor de antes.

O assustador senhor de mais ou menos trezentos anos apareceu. Rubinato, de olhos para o chão, estendeu os braços e ofereceu a marmita. O velho pegou o embrulho e pediu para o menino entrar, pois tinha que conferir a encomenda e pegar o dinheiro para pagá-lo. No mesmo instante, o homem desapareceu como num passe de mágica.

Rubinato estava de novo na sala escura cheia de objetos fascinantes: uma pena que anotava coisas na parede, uma cadeira que andava pelo teto, um sofá que miava... E, pendurado na parede, o lindo cavaquinho que tocava sozinho, ainda mais incrível do que antes, com suas cordas de aço e sua caixa de madeira cantante. Quando estava prestes a encostar, de mansinho, seu dedinho no cavaquinho, Rubinato ouviu um grito de bruxo vindo da cozinha! Ele deu um salto tão grande de susto que ficou pendurado no lustre.

Assim que desceu de maneira desajeitada do lustre, viu o velho entrar na sala dizendo:

— *Ah! Meus bolinhos de queijo que faltavam! Agora, sim!*

Num só golpe, o velho comeu os dois bolinhos, como quem esperava por eles havia mais de trezentos anos! Ele tinha verdadeiro fascínio por aquela iguaria culinária. Então perguntou a Rubinato quanto era a marmita, acrescentando que os bolinhos eram tão deliciosos, mas tão deliciosos, que daria qualquer coisa por eles.

Ouvindo isso, Rubinato teve uma grande ideia e perguntou:

— **QUALQUER COISA MESMO?!**

Ao que o velho respondeu:

— E eu lá sou gente de mentir? Dou minha palavra, que é a coisa mais valiosa neste mundo!

Então o menino, sem pestanejar, pediu como pagamento o cavaquinho encantado que estava pendurado na parede da sala! O velho ficou furioso com o pedido, mas, como havia dado sua palavra, entregou o cavaquinho ao menino.

Rubinato voltou para casa mais feliz que mestre-sala e porta-bandeira em dia de desfile de escola de samba. Nem acreditava que estava com aquele cavaquinho nas mãos. E foi só o menino se posicionar que o instrumento começou a tocar sozinho! Rubinato logo fez uma serenata para Maria Rosa, seu primeiro amor. Soltou o gogó e cantou de improviso uma canção — cantou que foi bonito! É claro que Maria Rosa adorou aquela prova tão bonita de carinho.

Depois disso, Rubinato tomou gosto por inventar canções. Criou uma para cada morador da Vila Esperança. **Tinha música para Joca, Arnesto, Iracema, Mato Grosso, e até para as mariposas!** E foi um sucesso tão grande que suas histórias cantadas ficaram conhecidas em outros bairros e até em outras cidades!

Rubinato chegou a inventar uma canção para si mesmo, e inventou de ser um tal de Adoniran Barbosa. E fez muito sucesso, brincando de ser Adoniran no rádio, na televisão e até nos livros!

MAS ESSA JÁ É OUTRA HISTÓRIA...

QUEM FOI ADONIRAN BARBOSA

nasceu em Valinhos (SP) em 1910 e morreu em 1982

João Rubinato era seu nome de batismo, mas é por Adoniran Barbosa que a maioria das pessoas o conhece. Ele foi um verdadeiro contador de histórias! Inventava tantas histórias e tantos personagens que acabou criando o tal Adoniran Barbosa para ele mesmo interpretar! Como ficou muito conhecido assim, é dessa forma que ele será chamado aqui.

Adoniran era filho de italianos, mas nasceu aqui no Brasil, em uma cidade chamada Valinhos, no interior de São Paulo. Morou em diversas cidades paulistas: Valinhos, Jundiaí, Santo André. Em Jundiaí, foi entregador de marmitas — fato que está presente na história do menino Rubinato. Acabou ancorando na capital do estado, de onde nunca mais saiu.

Adoniran quis ser ator, mas não teve muita sorte. O destino quis mesmo que ele compartilhasse suas histórias através do rádio e da música. E assim aconteceu! Ele levou seu vozeirão característico para cantar no rádio, onde começou ao lado de compositores como Ismael Silva e Noel Rosa (já ouviu falar deles?). Mas logo sua vontade de contar histórias apareceu e ele começou a criar suas próprias músicas. Elas eram quase sempre engraçadas, falando de personagens que ele encontrava em suas caminhadas pelos bairros da cidade de São Paulo. Um bairro que ficou particularmente famoso nas letras de Adoniran foi o Bixiga.

Quer ouvir as canções de Adoniran Barbosa? Então seguem algumas sugestões para começar. Você pode procurá-las na internet ou ouvir nos discos e CDs de sua família.

Saudosa maloca
Compositor: Adoniran Barbosa

Samba do Arnesto
Compositores: Adoniran Barbosa e Alocin

Vila Esperança
Compositores: Adoniran Barbosa e Marcos César

Trem das onze
Compositor: Adoniran Barbosa

A MENINA FRANCISCA

E O MONSTRO DA GUERRA

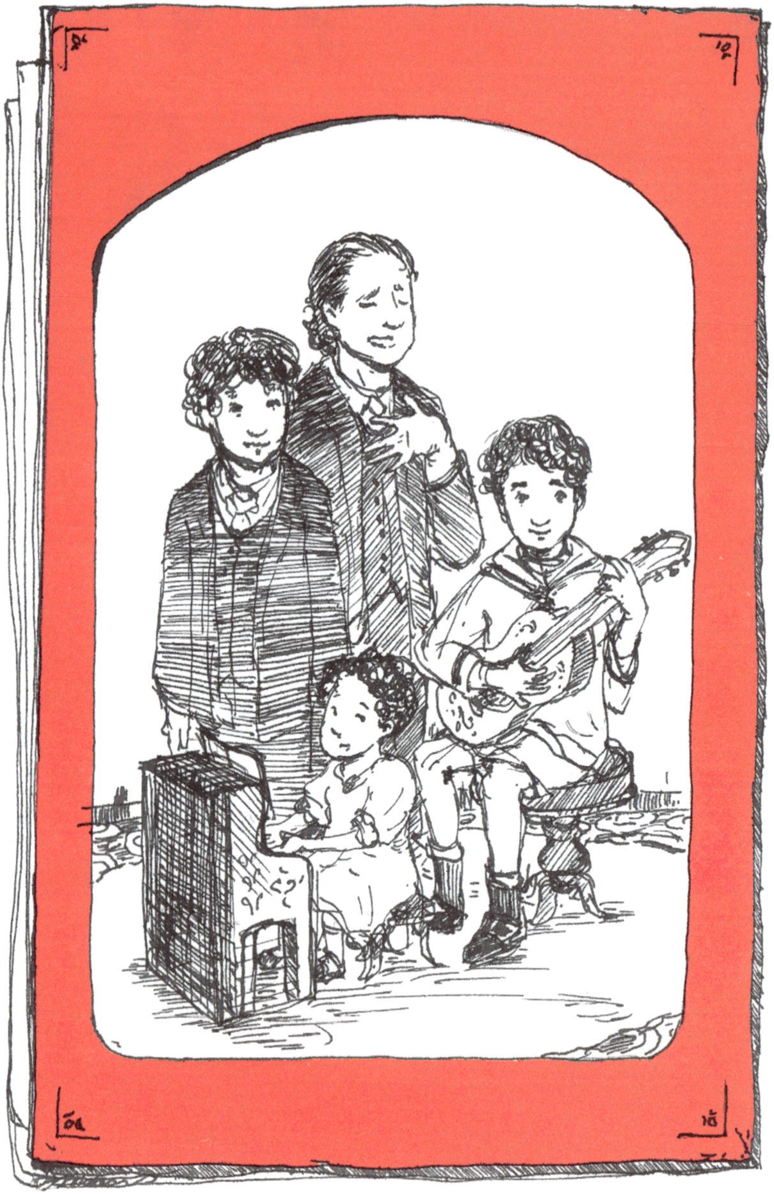

Desde que o mundo é mundo, existem histórias de pessoas valentes, armadas de espadas, escudos e lanças. Mas a heroína desta história venceu sua batalha com uma arma diferente, e também muito poderosa: a música.

Seu nome era Francisca. A menina que morava com os três irmãos mais velhos. Os pais, havia muito tempo, já não viviam mais ali, cabendo ao primogênito os cuidados com os irmãos mais novos.

Os quatro irmãos passavam dias de muita alegria e cantoria, com Francisca sentada ao piano, onde inventava cantigas muito animadas.

AI, AI, COMO É BOM DANÇAR, AI!
CORTA-JACA ASSIM, ASSIM, ASSIM.
MEXE COM O PÉ!

Um belo dia, apareceu no vilarejo onde moravam um bruxo chamado Milito. Ele não tinha exatamente um porte generoso. Na verdade, era baixinho. Minúsculo. Mas, embora pequeno, sua maldade era gigante. O bruxo Milito, além de perverso, era ganancioso, e decidira que a partir daquele dia o vilarejo seria dele. E, como não era assim digno de coragem, resolveu criar um monstro para acabar com o povoado.

Sem demora, ele construiu cuidadosamente um monstrengo. Criou cada detalhe: os braços com cinquenta canhões, olhos de granada, boca que lançava chamas, pernas que se locomoviam feito um tanque. Num sopro, o bruxo nanico deu vida ao Monstro da Guerra.

Era preciso enfrentar aquela criatura tão temida. Para isso, vários jovens do vilarejo foram convocados.

Não demorou muito para que o irmão mais velho de Francisca recebesse uma convocação para enfrentar o terrível Monstro da

Guerra. Era o tipo de chamado que ninguém tinha permissão de recusar. Assim sendo, ele fez sua mala, deu um beijo em cada um dos irmãos e partiu rumo ao combate.

Só restou a Francisca e aos dois irmãos a opção de cobrirem a tristeza com música, amenizando a falta que sentiam do mais velho. A menina sentava-se ao piano e inventava cantigas, que agora perdiam um pouco da alegria de outros tempos.

> QUAL INCRÍVEL, MEU SENHOR!
> ENTRE E VEJA, FAZ FAVOR.
> DOIDOS SIM, TANTAS LUTAS.
> NÓS SAÍMOS SEM AS FRUTAS.

Nos arredores do vilarejo, o embate continuava. O nanico bruxo Milito ampliava cada vez mais o poder do Monstro da Guerra, que agora já engolia casas pelo caminho. Os soldados resistiam bravamente, mas era preciso mais combatentes.

Meses se passaram, quando, um dia, o segundo irmão de Francisca também recebeu uma convocação para enfrentar o Monstro da Guerra. E, como o mais velho, também não pôde recusar. Assim sendo, fez sua mala, deu um beijo no irmão e na irmã e também partiu rumo ao combate.

Ficaram, então, Francisca e o mais novo dos irmãos homens a brincar de música, para amenizar a saudade dos dois que haviam partido. A menina novamente sentava-se ao piano e inventava mais cantigas, que soavam tristes, lentas.

**ERA UM DIA UM MARINHEIRO
QUE FICOU AO VIUVAR
COM UMA FILHA PEQUENINA,
COM UMA FILHA POR CRIAR.**

A batalha já durava o tempo de uma vida, e ambos os lados pareciam esgotados. O nanico Milito estava furioso, pois o Monstro da Guerra estava desgastado, com peças quebradas, mas com alguma força para novos tiros de canhão. Os soldados pareciam um grupo maltrapilho, porém respiravam e ainda ativaram suas granadas.

O terceiro irmão logo imaginou o que lhe aconteceria. Quando a convocação para participar da guerra chegou, ele já estava de malas prontas para partir.

O menino olhou nos olhos de Francisca e disse:

— *Segue com alegria, irmã! Tua música há de nos salvar.*

Então deu um beijo nela e partiu rumo ao combate.

Foram dias de silêncio e tristeza naquela casa. Francisca estava afastada de seus irmãos e decidiu se afastar também da música.

O silêncio na casa da menina Francisca só foi quebrado dias depois, quando ela ouviu uma algazarra que vinha do lado de fora. Saiu para entender o que estava acontecendo e viu um bando de gente na rua, fazendo festa. O Monstro da Guerra tinha finalmente desabado. Os soldados, vitoriosos, voltavam do combate. Francisca sentiu uma grande alegria, pois imaginava que estava prestes a reencontrar seus irmãos.

Ela perguntou a um dos soldados que passou em frente à sua casa sobre o paradeiro dos irmãos. Como resposta, ouviu que os três haviam sido presos pelo bruxo Milito. A tropa inteira tinha procurado por eles em todos os cantos do planeta, mas não encontrou ninguém.

Os olhos de Francisca congelaram.

Sem pensar, a menina decidiu ir ela mesma atrás dos irmãos. Como quem nada contra a maré, lançou-se em meio à multidão, à procura de sua família.

Ó ABRE ALAS, QUE EU QUERO PASSAR.
Ó ABRE ALAS, QUE EU QUERO PASSAR.

Assim como os soldados, Francisca procurou por quase todos os cantos do planeta, mas não encontrou seus irmãos. Só restava agora visitar uma última casa que ficava entre as serras próximas ao vilarejo.

Ao chegar lá, Francisca cruzou a cerca trançada com fios reluzentes e bateu três vezes à porta, que se abriu como por encanto. Olhou para dentro da casa e encontrou uma moça sentada em seu banquinho de fiar. Ao lado da fiandeira, um corvo negro apenas observava os movimentos de ir e vir dos fios.

A casa era bem iluminada e cheia de fios trançados de todos os tipos, que cruzavam a sala. Francisca aproximou-se e tentou conversar com a moça de todas as maneiras. Cumprimentou-a, fez perguntas, quis saber onde era o banheiro (estava fora de casa havia muito tempo), mas ela não dizia nada. Só continuava a fiar, fiar, fiar. E o corvo seguia observando o ir e vir dos fios.

Cansada, Francisca sentou-se em um banco próximo a um velho piano. Com um sentimento triste de saudade dos irmãos, lançou suas mãos em algumas teclas do instrumento e tocou as músicas dos dias em que estavam todos juntos. Por um pequeno instante, a fiandeira parou de fiar e olhou para a menina.

Francisca lembrou-se do que seu irmão havia dito: "Segue com alegria, irmã! Tua música há de nos salvar". E logo brincou de inventar uma música. As notas soavam pelo ar, fazendo vibrar aqueles fios que cruzavam a sala. A moça parou o seu fiar, e o corvo passou a observar Francisca tocando o piano. A fiandeira resolveu quebrar o silêncio e cantou enquanto a menina tocava.

ENTRE SERRAS, LÁ NA BEIRA,
VIVIA UMA FIANDEIRA,
A MAIS LINDA DO LUGAR.
CHAMAVAM-LHE FLOR DE LINHO
E ERA COMO UM PASSARINHO,
FIANDO SEMPRE A CANTAR.

Ao fim da canção, a fiandeira sorriu e disse a Francisca:

— Tens bom coração, menina. Por isso, decidi te ajudar. Só podemos fiar conversa com pessoas em quem confiamos.

Disse a fiandeira que os irmãos de Francisca não seriam encontrados em nenhum canto da Terra, mas sim em algum abrigo escondido na Lua. Francisca se assustou, pois pensou que nunca poderia chegar tão alto.

A fiandeira então voltou à sua roca e teceu um grande e prateado fio. Era um fio brilhante e forte. Teceu e teceu por um bom tempo. Ao fim, entregou uma das pontas para Francisca e a outra ponta para o corvo, que subiu ao céu e amarrou o fio na Lua, de modo que a menina pudesse subir e resgatar seus irmãos.

Francisca escalou pelo fio prateado. Ao chegar à Lua, olhou para todos os lados. Não viu ninguém. Ficou desesperada por não ter qualquer pessoa por perto e entristeceu-se. Não tendo mais a quem pedir ajuda, resolveu cantar para a própria Lua:

OH! LUA BRANCA DE FULGORES E DE ENCANTO, SE É VERDADE QUE AO AMOR TU DÁS ABRIGO, VEM TIRAR DOS OLHOS MEUS O PRANTO.

A Lua, com pena da menina, se tornou crescente e iluminou uma de suas crateras, onde estavam presos os três irmãos de Francisca. Eles tinham sido colocados ali pelo nanico bruxo Milito. A menina correu para desamarrar seus irmãos e lhes deu um forte abraço.

A alegria infelizmente durou pouco: em meio a uma nuvem cinza, o bruxo apareceu. Aquele ser maldoso e nanico estava furioso. Além de seu Monstro da Guerra ter sido derrotado, agora haviam descoberto seu esconderijo! Milito não pensou duas vezes e correu feito fofoca atrás de Francisca e seus três irmãos.

Eles então correram para alcançar o fio prateado e descer à Terra. Um por um, foram descendo. Francisca foi a última.

Na metade do caminho, a menina percebeu que o bruxo descia logo atrás dela. Mais que depressa, Francisca escorregou até a Terra e cantou a plenos pulmões para a Lua:

OH! LUA BRANCA, POR QUEM ÉS, TEM DÓ DE MIM!

Ouvindo isso, a Lua se afastou um pouco no céu e deixou passar um raio de sol, que acertou em cheio o fio prateado, derrubando Milito. O bruxo nanico caiu de uma altura tão grande, mas tão grande que, quando chegou ao chão, pôde-se ouvir um estrondo gigantesco. A menina, aliviada, agradeceu à Lua, que ficou cheia de alegria por se livrar do bruxo.

Francisca levou seus irmãos de volta para casa. Quando chegaram ao vilarejo, foi uma alegria só! O retorno deles foi muito festejado. Francisca foi reconhecida no povoado por sua bravura e coragem de enfrentar — e derrotar — o bruxo Milito.

Daquele dia em diante, o tempo foi de paz no vilarejo. A menina Francisca pôde voltar ao seu piano e tocar para o povo as músicas que inventava, inspirada na grande aventura que vivera.

A coragem daquela menina cruzou as fronteiras do tempo. Seus sons feitos no piano chegaram aos ouvidos de outros povoados. Cada vez mais pessoas se encantaram com as histórias daquela pequena tão valente. Suas músicas abriram alas e tornaram Francisca, agora conhecida por todos como Chiquinha Gonzaga, uma verdadeira heroína.

MAS ESSA JÁ É OUTRA HISTÓRIA...

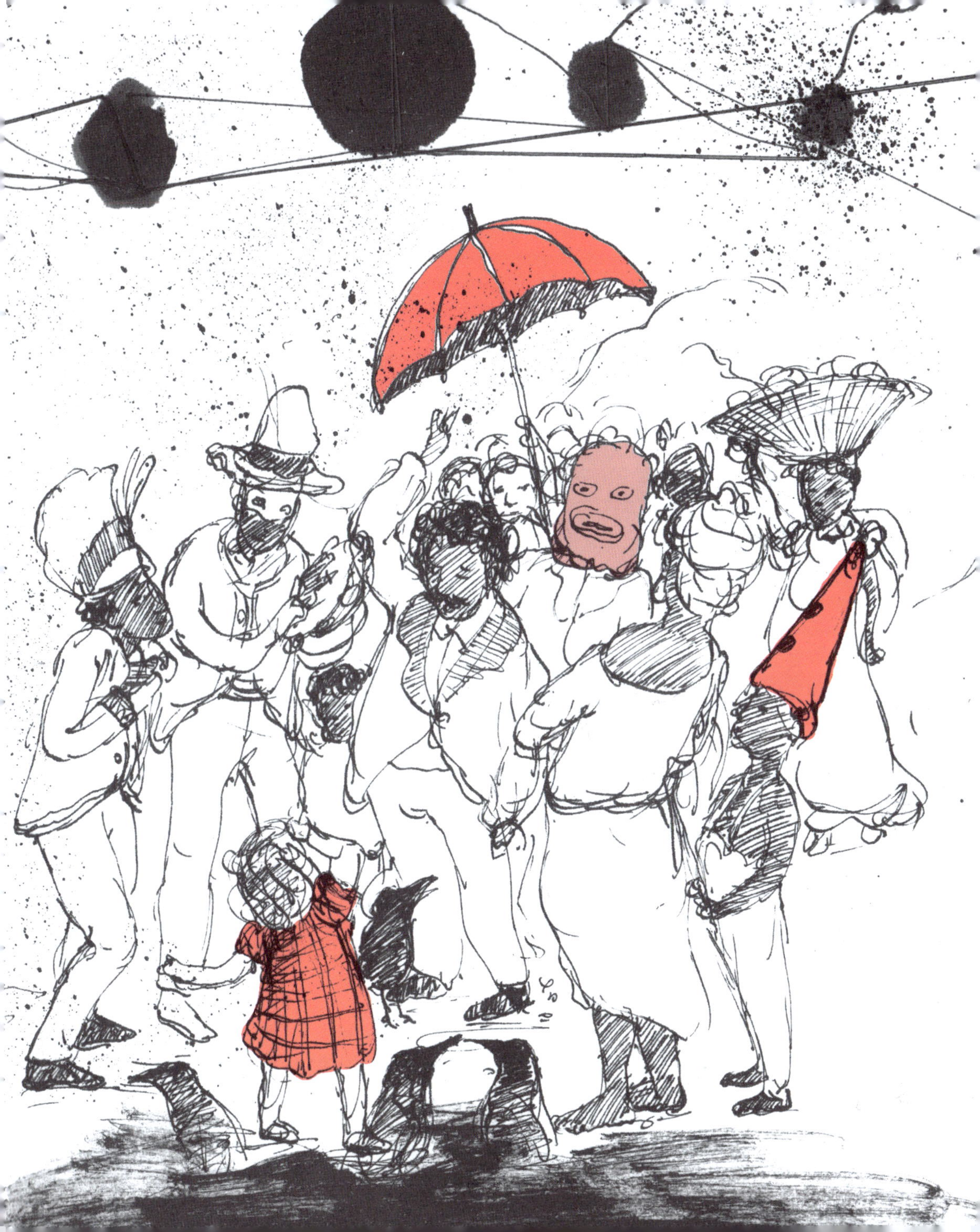

QUEM FOI CHIQUINHA GONZAGA

nasceu no Rio de Janeiro (RJ) em 1847 e morreu em 1935

Francisca Edwiges Neves Gonzaga foi uma mulher de muita coragem! Em uma época em que não era permitido às mulheres trabalhar com música, muito menos compor, ela foi pianista, compositora e maestrina. Apaixonada pela música, enfrentou tudo e todos em busca de sua liberdade para compor e fez os jornais "sambarem" para tratá-la como maestrina (naquele tempo, só se usava a palavra "maestro", no masculino)!

Chiquinha Gonzaga também foi a primeira mulher brasileira a reger uma orquestra. E não parou por aí! Escrevia suas próprias canções para peças de teatro e apresentações musicais. Vendia suas partituras (aquelas folhas de anotações musicais com linhas e bolinhas representando as notas) de porta em porta, pelas casas do Rio de Janeiro, sua cidade natal. Com o dinheiro arrecadado, ajudava a alforriar, isto é, libertar pessoas negras escravizadas (sim, naquele período o Brasil ainda vivia um regime escravista!). Chiquinha, cuja avó materna era negra e tinha sido escravizada, ajudou na libertação de muita gente.

Ela compôs centenas de obras musicais, entre as quais "Ó abre alas", a primeira marchinha brasileira e um grande sucesso até hoje. Marchinha é o nome dado àquelas músicas de letra curta e fácil de memorizar que a gente ouve e dança no Carnaval.

As músicas que Chiquinha compunha traziam vários ritmos de sua época, como a polca, o maxixe e a valsa.

A linda canção "Fiandeira", música de Chiquinha Gonzaga com letra da compositora Maria da Cunha, serviu de inspiração para a personagem de mesmo nome da história da menina Francisca.

Quer conhecer outras músicas, com letra ou instrumentais, compostas por Chiquinha Gonzaga? Então anote aí as dicas:

Lua branca
Compositora: Chiquinha Gonzaga

Ó abre alas
Compositora: Chiquinha Gonzaga

Atraente
Compositora: Chiquinha Gonzaga

Fogo, foguinho
Compositores: Chiquinha Gonzaga (música) e Viriato Corrêa (letra)

SOBRE O AUTOR E A ILUSTRADORA

CRISTIANO GOUVEIA
@crisgouveiaoficial

Músico, escritor e cantador de histórias, Cristiano nasceu em Santo André (SP). Na infância, brincou de praticamente todas as brincadeiras populares nas ruas de seu bairro: taco, amarelinha, esconde-esconde, mestre mandou. Adorava ouvir sambas no toca-discos e cantarolar, mas foi aprender a tocar violão já adulto! Na adolescência, chegou a escrever textos para um jornalzinho de variedades do bairro; também quis ser goleiro, mas era péssimo em futebol. Hoje em dia se diverte brincando de inventar, contar e cantar histórias.

TATIANA MÓES
@tatianamoes

Artista plástica e escritora, Tatiana é natural do Recife (PE). Atualmente, mora na cidade do Porto, em Portugal, mas sua pisada continua sendo a da terra natal: passos de frevo, firme no maracatu. Ao samba a artista cede passagem. Ritmo que sua avó, Ivone, cantarola na cozinha, com voz limpa e alta — um tanto cansada, é verdade, mas, vejam, dona Ivone foi criança na mesma época em que o samba crescia. Eram, os dois, miúdos naquele tempo. E é essa infância, da avó e do samba, que Tatiana celebra em traços neste livro.

Crédito das imagens
PÁGINA 24: Marcos Francisco/AE; PÁGINA 42: Lewy Moraes/Folhapress; PÁGINA 60: Folhapress/Folhapress; PÁGINA 76: Historic Collection/Alamy/Fotoarena.

Acesse o catálogo online
de literatura da FTD Educação

Produção gráfica

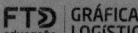

FTD educação | **GRÁFICA & LOGÍSTICA**

Avenida Antônio Bardella, 300 - 07220-020 GUARULHOS (SP)
Fone: (11) 3545-8600 e Fax: (11) 2412-5375

A comunicação impressa
e o papel têm uma ótima
história ambiental
para contar

TWO SIDES
www.twosides.org.br